乌兰察布·中国草原避暑之都

主编 斯琴毕力格

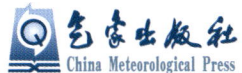

内容简介

内蒙古自治区乌兰察布市地处中国正北方,位于晋、冀、蒙三省(区)接合部。乌兰察布的夏季清凉宜人,风和日丽,是我国北方草原夏季避暑休闲度假的理想之地。乌兰察布有着秀美的风景,优良的生态环境,便捷的交通,多元的文化。这里民族团结、社会安宁,正在共同努力打造"中国草原避暑之都"这一品牌。

图书在版编目(CIP)数据

乌兰察布·中国草原避暑之都/斯琴毕力格主编.—北京:气象出版社,2016.1
  ISBN 978-7-5029-6330-9

Ⅰ.①乌… Ⅱ.①斯… Ⅲ.①乌兰察布市-概况 Ⅳ.①K922.63

中国版本图书馆 CIP 数据核字(2016)第 010348 号

出版发行:气象出版社
地　　址:北京市海淀区中关村南大街46号　　邮政编码:100081
总 编 室:010-68407112　　　　　　　　　　发 行 部:010-68409198
网　　址:http://www.qxcbs.com　　　　　　E-mail:qxcbs@cma.gov.cn
责任编辑:齐　翟　　　　　　　　　　　　　终　审:邵俊年
封面设计:易善锐创意　　　　　　　　　　　责任技编:赵相宁
印　　刷:中国电影出版社印刷厂
开　　本:889 mm×1194 mm　1/32　　　　 印　张:2.25
字　　数:65 千字
版　　次:2016 年 1 月第 1 版　　　　　　　印　次:2016 年 1 月第 1 次印刷
定　　价:13.50 元

本书如存在文字不清、漏印以及缺页、倒页、脱页等,请与本社发行部联系调换

《乌兰察布·中国草原避暑之都》编委会

主　编　斯琴毕力格

委　员　李喜仓　刘见文　杨志捷　王心宇

　　　　　贺学敏　翟盘茂　秦　斌　徐新习

　　　　　侯东平　何春雨　赵　亮　白美兰

　　　　　邸瑞琦　沈冬梅　刘烨焜　徐开均

　　　　　郭巨波　刘诗韵　张　韬　薛占文

前　言

本书根据乌兰察布及其周边地区近30多年翔实和可靠的气候资料及近年来的生态环境资料，从多个方面对乌兰察布生态气候条件进行了综合分析，揭示出乌兰察布市生态气候及旅游条件具有以下优势：

乌兰察布夏季气候清爽宜人。乌兰察布市位于中纬度内陆地区，阴山山脉横亘中部，大部分地区海拔在1000~2000米之间，属中温带大陆性季风气候。夏季气候具有清爽宜人、雨水适中、风和日丽、干湿适当、体感舒适、空气洁净等特点。

乌兰察布生态良好、风光独特。乌兰察布草原是欧亚大陆草原的重要组成部分，植被类型多样，生态资源丰富。夏季草原丰美、多姿多彩，境内还分布有山地、森林、河流、湖泊、湿地等，自然景观优美，适合众多珍稀动植物生存。

乌兰察布避暑旅游条件优越。乌兰察布区位优势明显，交通便捷，距离北京、天津等城市较近；历史悠久、文化多元、民风淳朴、民族团结、社会安宁、饮食文化独特。

综上所述，乌兰察布草原避暑旅游资源丰富，是我国北方草原夏季避暑休闲度假的理想之地。为此，2014年10月中国气象学会在北京组织有关专家对乌兰察布草原避暑资源评估报告进行了论证，授予该市"乌兰察布·中国草原避暑之都"称号，并希望乌兰察布进一步加强多部门合作，坚持保护优先的原则，处理好开发与保护的关系，促进可持续发展。

本书编委会
2015年12月

目　录

前言

第1章　乌兰察布概况 ………………………………………（1）
　　1.1　自然地理 …………………………………………（3）
　　1.2　区位交通 …………………………………………（5）
　　1.3　特色资源 …………………………………………（6）
　　1.4　历史渊源 …………………………………………（8）
　　1.5　经济发展 …………………………………………（9）

第2章　乌兰察布夏季气候特征及优势 ………………（11）
　　2.1　典型的温带草原气候 ……………………………（13）
　　2.2　优越的避暑气候条件 ……………………………（14）

第3章　独具特色的草原生态系统 ……………………（31）
　　3.1　草原丰美，多姿多彩 ……………………………（33）
　　3.2　森林茂密，树种多样 ……………………………（34）
　　3.3　河流蜿蜒，湖泊闪亮 ……………………………（35）
　　3.4　珍稀动物，种类繁多 ……………………………（37）
　　3.5　绿色城乡，生态宜居 ……………………………（39）

第 4 章　清凉舒爽的草原特色旅游 …………………………(43)
　　4.1　清凉避暑胜地,吉祥和谐草原 ……………………(45)
　　4.2　多元文化交融,多彩人文感受 ……………………(55)
　　4.3　盛产绿色食品,尽享健康美食 ……………………(57)

第 5 章　结语 ………………………………………………… (59)

参考文献 ………………………………………………………… (64)

第 1 章

乌兰察布概况

在内蒙古自治区的中部,有一片形似展翅雄鹰的草原——乌兰察布。"乌兰察布"是蒙古语,意为红色的山口,清天聪六年(公元 1632 年),蒙古族六个部落在此会盟而得名,并沿用至今。

乌兰察布草原是内蒙古草原上一道独特的风景,因其位于蒙古高原屋脊,海拔较高,加之特殊的地理位置和地形地貌,造就了乌兰察布草原夏季凉爽宜人的独特气候。其避暑历史源远流长,多个朝代都有记载。

第1章 乌兰察布概况

1.1 自然地理

乌兰察布市地处国正北方,位于内蒙古自治区中部,晋冀蒙三省(区)交界,环渤海经济圈与呼包鄂城市带结合部(见图1.1)。位于北纬39°37′~43°28′,东经109°16′~114°49′,东西长458千米,南北宽442千米,总面积5.45万平方千米。

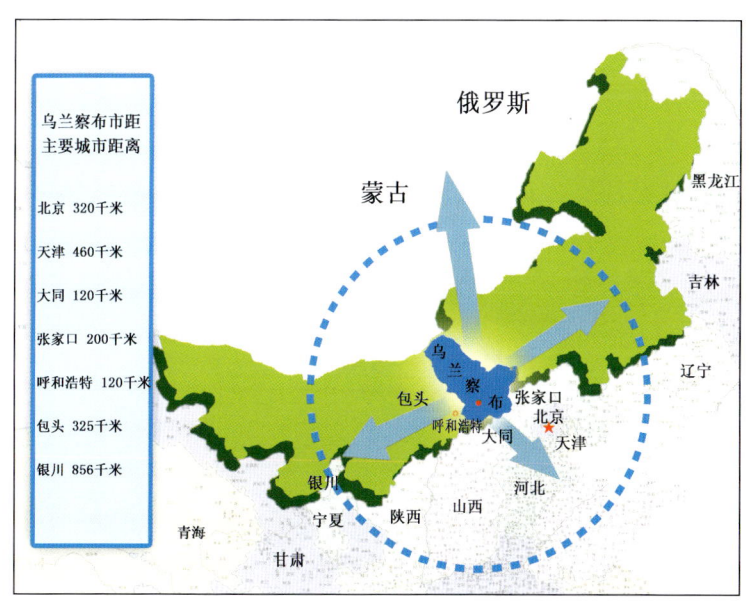

图1.1 乌兰察布地理位置示意图

乌兰察布市由内蒙古高原、乌兰察布丘陵、阴山山脉、黄土丘陵四部分组成,大部分地区海拔在1000~2000米之间(见图1.2)。阴山山脉横亘中部,将乌兰察布分为前山、后山两个区域,形成南北低、中间隆起的屋脊型地形,其支脉蛮汉山、马头山、苏木山蜿蜒分布于境内的东南部。前山地区地形复杂、丘陵起伏、沟壑纵横、间有高山,其中苏木山主峰海拔2349米,为乌兰察布最高点,后山地区地势南高北低，多为平坦的天然草原。乌兰察布共有大小河流280多条，分属黄河流域、海河流域。高原湖泊众多，有岱海、黄旗海等较大湖泊10余处。

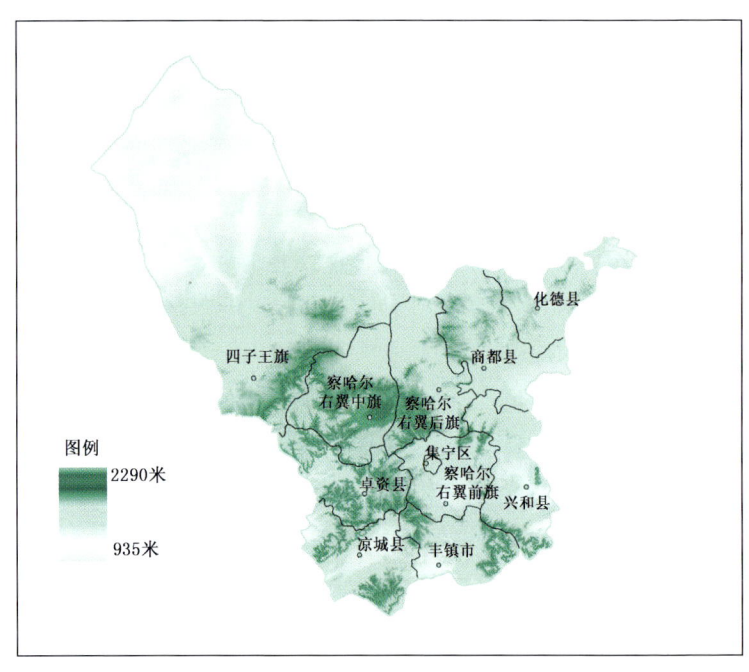

图1.2　乌兰察布地形地势图

2003年12月，乌兰察布撤盟设市，现辖集宁区、丰镇市、察哈尔右翼前旗、察哈尔右翼中旗、察哈尔右翼后旗、四子王旗、卓资县、凉城县、兴和县、商都县、化德县11个旗县市区（见图1.3）。全市现有人口283万，是以蒙古族为主体，汉族为多数的边疆少数民族聚居地区，其他少数民族主要有回族、满族、达斡尔族、鄂温克族、朝鲜族等20多个民族，杂居分布在全市各地。

第1章 乌兰察布概况

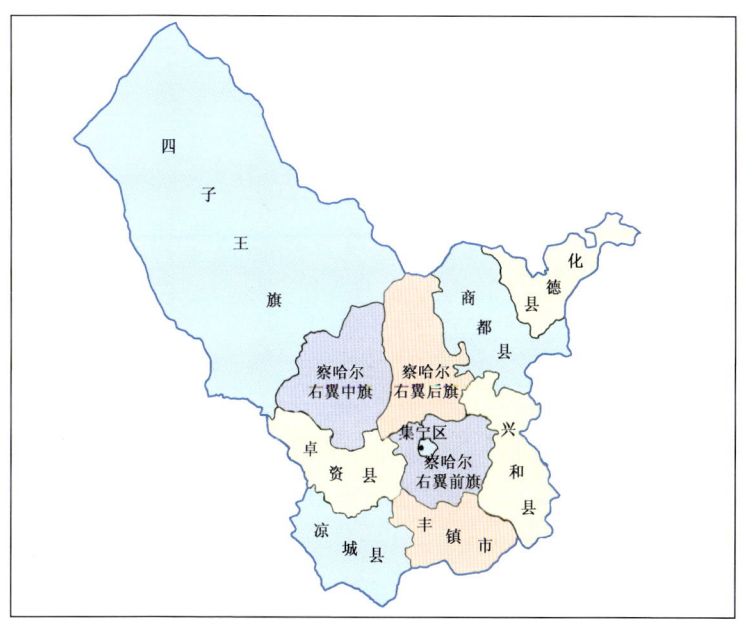

图 1.3 乌兰察布市行政区划图

1.2 区位交通

乌兰察布市是内蒙古距首都北京最近的地区,是内蒙古东进西出的"桥头堡",是联接东北、华北、西北三大经济圈的中心交通枢纽,公路和铁路纵横交错、四通八达,交通优势十分明显。境内有 G6、G7、G55 三条高速,110、208 两条国道和一条横贯内蒙古东西的省际大通道,京包、集二、集张、集通、大准等铁路线贯穿全市,通往法兰克福的国际货运列车"如意"号始发集宁(见图 1.4)。北京至呼和浩特高速铁路正在建设,预计于 2017 年正式通车,届时北京至集宁运行时间仅需 1 小时。乌兰察布支线机场即将通航。

乌兰察布市政府所在地集宁区,东距首都北京市 320 千米、张家口市200千米,西距呼和浩特市120千米,南距大同市120千米,北距陆路口岸二连浩特市300千米,距天津、秦皇岛、曹妃甸三大港口的距离均不足500千米。

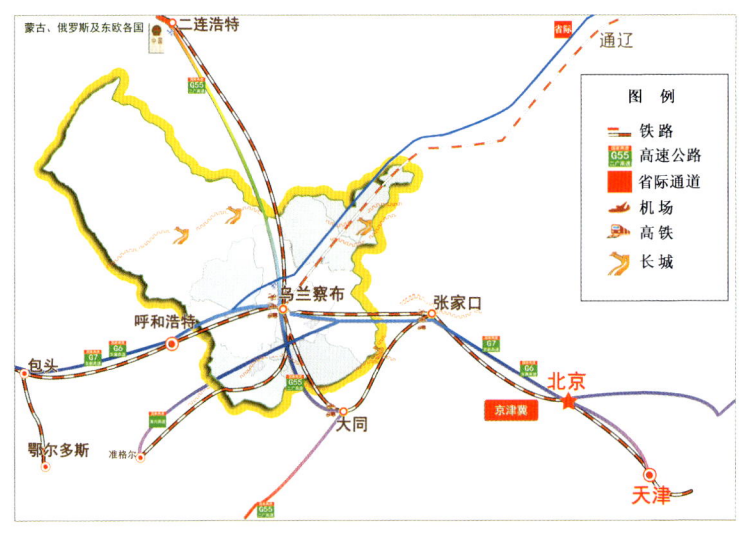

图1.4 乌兰察布交通线路示意图

1.3 特色资源

乌兰察布市资源丰富多彩,独具特色。夏季气候凉爽宜人,雨水适中,风和日丽,空气清新。国土面积幅员辽阔,地质景观多样。草原类型种类齐全,草原生态独特丰富,多姿多彩。

乌兰察布草原农畜产品种类丰富,品质优良(见图1.5)。草原牛羊肉奶、特色马铃薯、有机杂粮和冷凉蔬菜,是当地独具特色的天然、绿色、有机农畜产品。其中,杜蒙羊是乌兰察布独有品种,因品质优良、口感鲜嫩而享誉世界;马铃薯种植面积达400万亩,年产鲜薯400万吨,是全国重要的种薯、鲜食薯和加工专用薯基地,2009年

第1章 乌兰察布概况

中国食品工业协会命名乌兰察布为"中国马铃薯之都"。荞麦、莜麦、黍、豆等有机杂粮远销国外,特色冷凉蔬菜的种植成为北京及周边城市重要的绿色有机蔬菜供应基地。

乌兰察布是我国重要的清洁能源生产输出基地,风能、太阳能资源丰富,其中风电现已完成装机 1000 万千瓦,正在全力打造风电之都。清洁能源的生产不仅造福社会,也因独特的景观,与草原风光交相辉映,成为当地独具特色的旅游观光资源。

图 1.5　特色资源

1.4 历史渊源

战国时,乌兰察布大部区域属赵国和匈奴的领地。秦并六国后,又在这里设置云中、代郡、雁门三郡。秦亡后,匈奴占领了大部分地区。之后的宋、元、明、清历代(见图1.6、1.7),这里都是北方少数民族契丹、女真、鞑靼、瓦剌、蒙古相继生息之地。清朝实行盟旗制,据《绥远通志》记载,清天聪六年(公元1632年)起,因蒙古四子部落等六个部落在这里会盟,始把这块北方各民族世代生息繁衍的地方正式命名为乌兰察布。

图1.6 元代集宁路古城遗址

图1.7 辽代文物　　　　　▲ 乌兰察布盟长印

乌兰察布自古以来就是北方各兄弟民族聚居的地方。各族人民在同近代反动势力的斗争中，涌现出了许多可歌可泣的英雄事迹，有察哈尔右翼前旗玫瑰营一带的"义和团"运动和辛亥革命时丰镇的"小状元"起义，给这里的各兄弟民族播下了反帝反封建的种子。抗战前夕，又有震惊中外的1936年红格尔图、百灵庙战役；抗日战争期间，这里打响绥蒙抗战的第一枪；解放战争期间，著名的集宁战役，就发生在现乌兰察布市政府所在地集宁区。

1.5 经济发展

近年来，乌兰察布市立足自身条件，以科学发展观统揽全局，坚持做大总量和调整结构并重，大力发展低碳、绿色、环保和新型产业。在调整优化产业结构上，稳定发展以特色农畜产品为主的生态农牧业，加快发展以商贸物流和草原避暑旅游为主的第三产业。着力淘汰落后产能，重点发展以清洁能源为主的新型能源产业。截至2013年底，三个产业的比重为16.1∶52.4∶31.5，全市地区生产总值为833亿元，地方财政总收入为76亿元，社会消费品总额为236亿元，城镇居民人均可支配收入和农民人均纯收入分别为20470、6760元。由于客观和历史的原因，乌兰察布目前仍然是内蒙古自治区发展比较缓慢的"老少边穷"地区，加强基础设施建设，打造以休闲度假为主的草原避暑旅游品牌，加快发展第三产业是实现富民强市可持续发展的紧迫任务。

第 2 章

乌兰察布夏季气候特征及优势

　　乌兰察布处于中纬度内陆地区,属中温带大陆性季风气候,阴山山脉横亘中部,大部分地区海拔为1000～2000米。特殊的地理位置和较高的海拔高度,造就了乌兰察布夏季(6—8月)清凉宜人、雨水适中、风和日丽、干湿适当、体感舒适、空气清新、灾害罕见的气候特征,进而孕育了乌兰察布广袤草原、多彩花海、美丽湖泊、青山绿水的自然景观。

第2章 乌兰察布夏季气候特征及优势

2.1 典型的温带草原气候

由表2.1可见,乌兰察布夏季平均气温在16.5～19.9℃,平均最高气温在22.5～26.4℃之间,呈南北高、中间低的分布特点,低温区域出现在中部海拔较高的察哈尔右翼中旗;较高气温区域出现在阴山南侧的凉城县。

表2.1 乌兰察布夏季气象要素平均值(1981—2010年)

站名	平均气温 (℃)	平均最高气温 (℃)	降水量 (mm)	日照时数 (h)	平均相对湿度 (%)	平均风速 (m/s)
四子王旗	18.8	25.1	191.6	878.2	55	2.8
察哈尔右翼中旗	16.5	22.5	219.8	838.3	61	3.0
察哈尔右翼后旗	18.9	25.2	207.6	786.7	57	2.6
商都县	18.8	25.1	217.9	819.8	64	2.4
化德县	18.1	24.1	203.9	820.4	60	3.0
卓资县	17.9	24.8	244.8	821.3	65	1.7
凉城县	19.9	26.4	261.1	802.5	62	1.6
集宁区	18.8	24.9	230.2	774.4	59	2.0
察哈尔右翼前旗	19.7	25.7	235.0	810.3	59	2.3
兴和县	19.4	25.9	240.3	761.9	62	2.6
丰镇市	19.6	25.9	275.7	761.4	62	2.5
区域平均	18.8	25.1	229.9	806.8	61	2.4

乌兰察布夏季降水量在191.6～275.7毫米,呈现由北向南逐渐增加趋势。南部的卓资县、凉城县和丰镇市降水量都在240毫米以上;中部的集宁区、察哈尔右翼前旗、兴和县降水量在220～240毫米;北部降水量少于220毫米。夏季平均相对湿度61%。

夏季平均风速在1.6～3.0米/秒,与地形关系密切,呈南北小、中间大的特点;海拔较低的地区平均风速在2.0米/秒左右,海拔较高的中部地区平均风速也只有3.0米/秒左右,大风天数极少,风速适宜。

2.2 优越的避暑气候条件

气候条件是影响生态自然分布的重要因素,也是影响人们避暑与旅游的关键因素。

2.2.1 清凉宜人

乌兰察布夏季平均气温为18.8℃,平均最高气温为25.1℃;最热的7月平均气温为20.2℃,平均最高气温是26.1℃。由图2.1可以看出,乌兰察布的夏天清爽宜人,昼无酷热,夜有清凉。

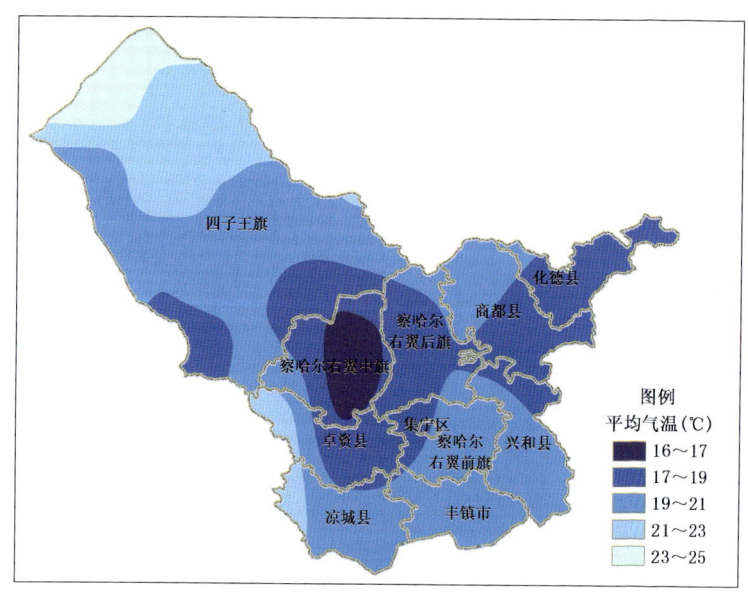

图2.1 乌兰察布夏季平均气温分布(℃)

第2章 乌兰察布夏季气候特征及优势

乌兰察布夏季大部分地区平均气温均处在人体最舒适的环境气温 18～25℃范围内(见图 2.2)。为人们避暑消夏提供了良好的气温条件。

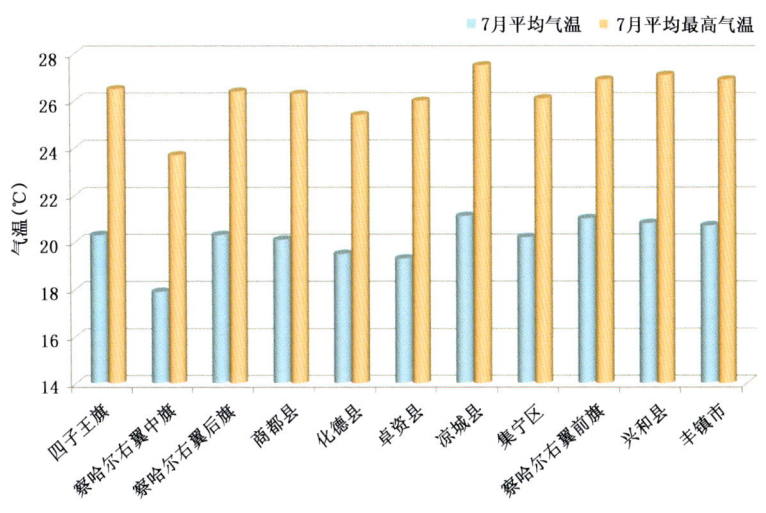

图 2.2 乌兰察布各旗县市区 7 月气温

与周边相距 500 千米范围内的北京、呼和浩特、大同、张家口、承德等主要城市相比(见图 2.3),乌兰察布夏季平均气温最为凉爽,比北京市低 6℃左右,比著名的"避暑山庄"承德市还低 4℃左右(见表 2.2)。

表 2.2 乌兰察布与周边城市夏季平均气温比较(℃)

	乌兰察布	北京	呼和浩特	大同	张家口	承德
6 月	18.2	24.8	21.3	20.8	22.4	22.4
7 月	20.2	26.2	23.3	22.6	24.2	24.2
8 月	18.1	25.2	21.0	20.6	22.5	22.7
平均	18.8	25.4	21.9	21.3	23.0	23.1

乌兰察布·中国 草原避暑之都

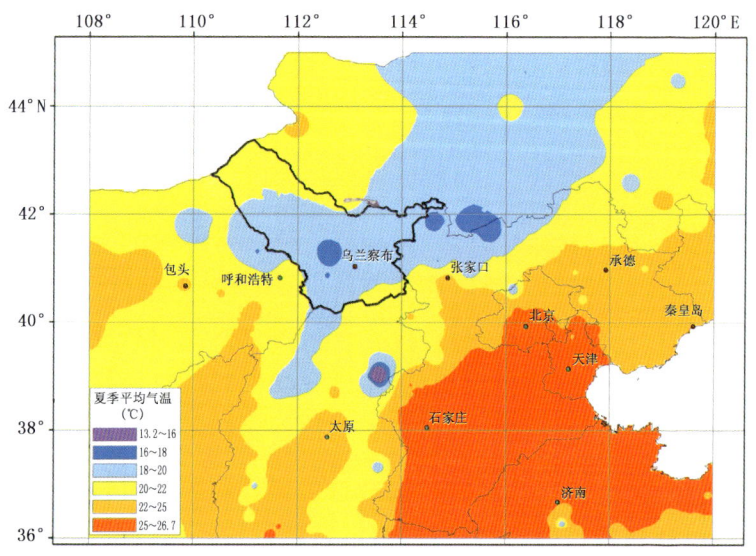

图 2.3 乌兰察布及周边地区平均气温分布

和我国同纬度、同经度地带比较,乌兰察布夏季平均气温也是最低的。例如:与处于同纬度地带的银川、呼和浩特、太原、承德、天津和沈阳等主要城市相比,乌兰察布夏季平均气温也偏低 3～7℃(见图 2.4a);与处于同经度地带的北京、济南、郑州、武汉、长沙和广州等主要城市相比,乌兰察布夏季平均气温也偏低 6～9℃(见图 2.4b)。

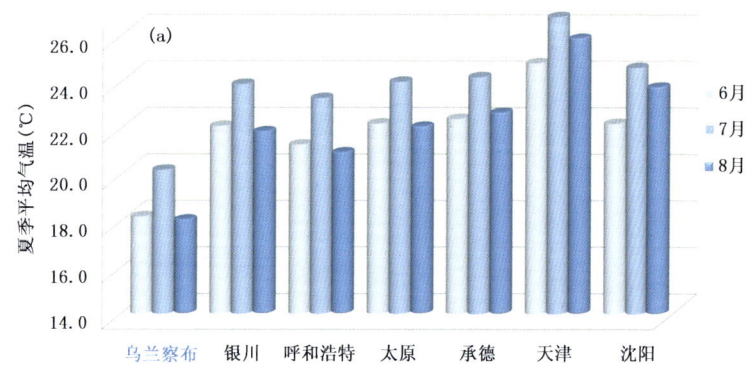

第 2 章　乌兰察布夏季气候特征及优势

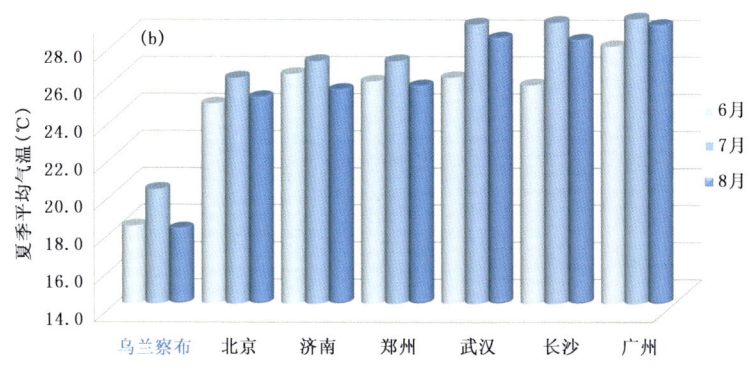

图 2.4　夏季平均气温比较
(a)同纬度地带；(b)同经度地带

与《2014 年中国城市避暑旅游发展报告》中按气候舒适度、景观游赏度等指标排名前 10 位的主要避暑旅游城市哈尔滨、昆明、青岛、大连、贵阳、烟台、秦皇岛等相比，乌兰察布夏季平均气温偏低 3～5℃（见图 2.5），处在更为舒适凉爽的温度范围内，是夏季避暑休闲的理想之地。

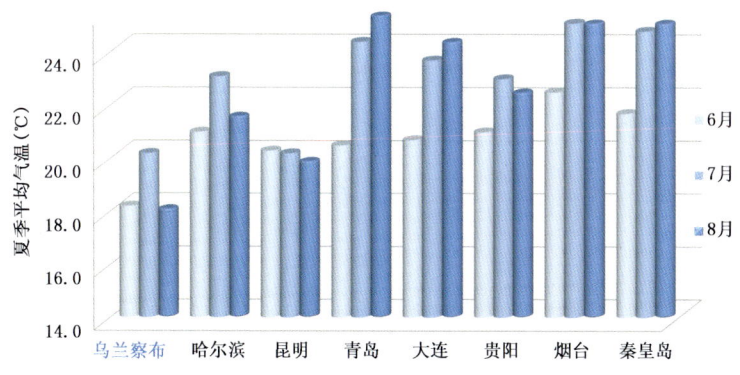

图 2.5　夏季平均气温比较（避暑旅游城市）

2.2.2 雨水适中

乌兰察布夏季降雨量在191.6～275.7毫米之间,占全年总降水量的65%,呈雨热同季、南多北少的特点(见图2.6)。降雨以小雨和阵雨为主,主要出现在夜间,夜雨频率达62%。适中的降雨,既有降温增湿的作用,又有清洁空气的功效。

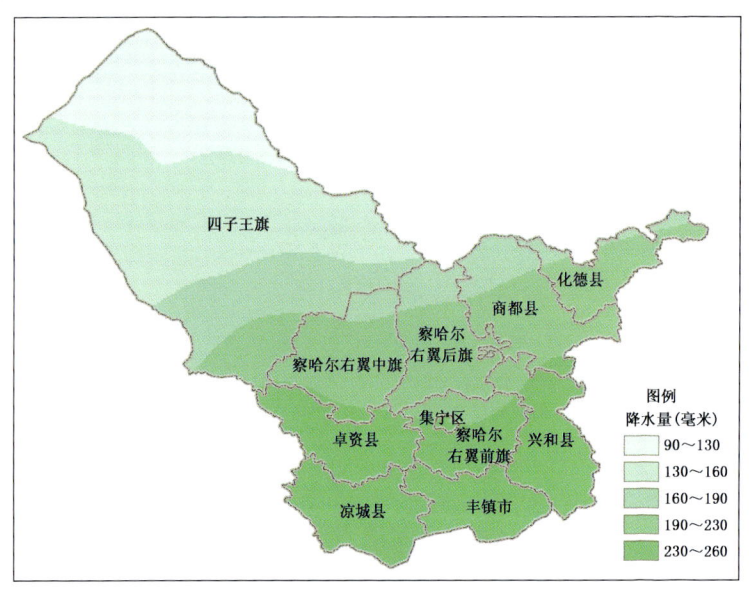

图2.6 乌兰察布夏季降雨分布(毫米)

由图2.7可以看出,乌兰察布夏季平均大雨日数仅为1.8天,暴雨日数更少,只有0.2天,且降雨多以阵性为主,非常有利于出游和户外活动。

2.2.3 风和日丽

由图2.8可以看出,乌兰察布夏季平均风速在1.6～3.0米/秒;静风(≤0.2米/秒)频率为1.7%～13.2%(见图2.9);6级以上强风(>10.7米/秒)日数为0～4.5天(见图2.10),影响户外活动的强风

第 2 章 乌兰察布夏季气候特征及优势

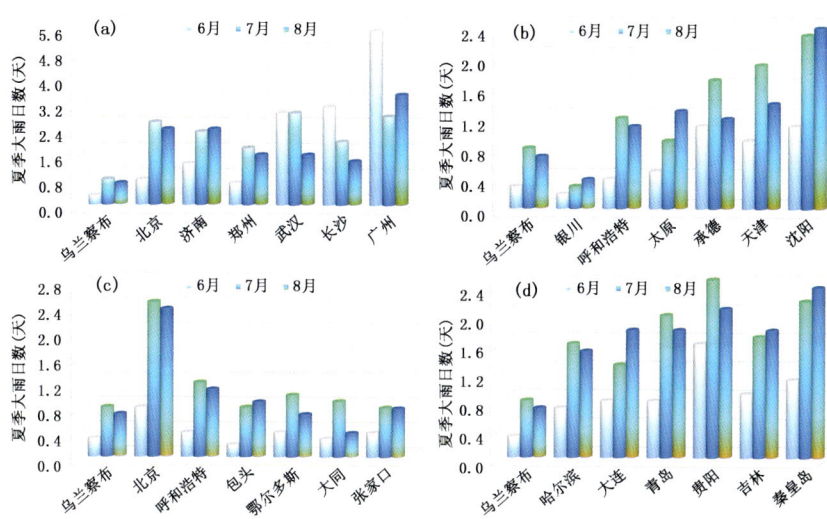

图 2.7 夏季大雨（日降雨量≥25.0 毫米）日数比较
(a)同经度地带；(b)同纬度地带；(c)相邻城市；(d)避暑旅游城市

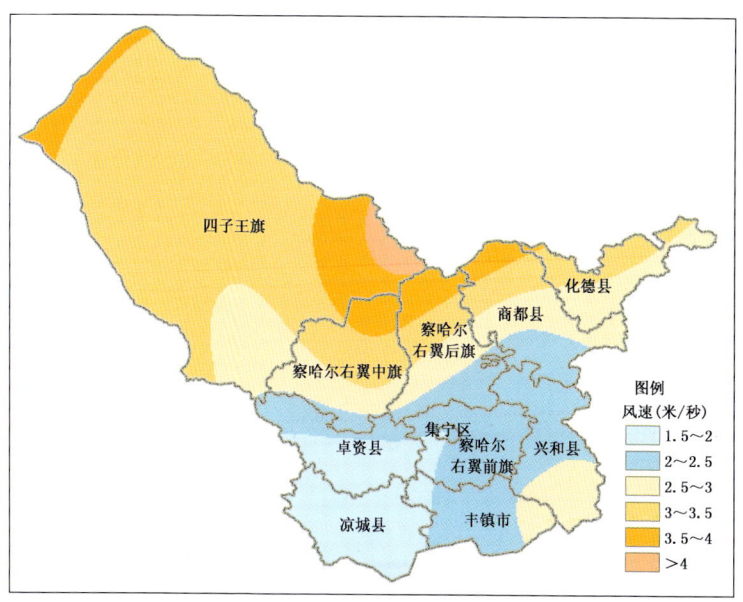

图 2.8 乌兰察布夏季平均风速分布

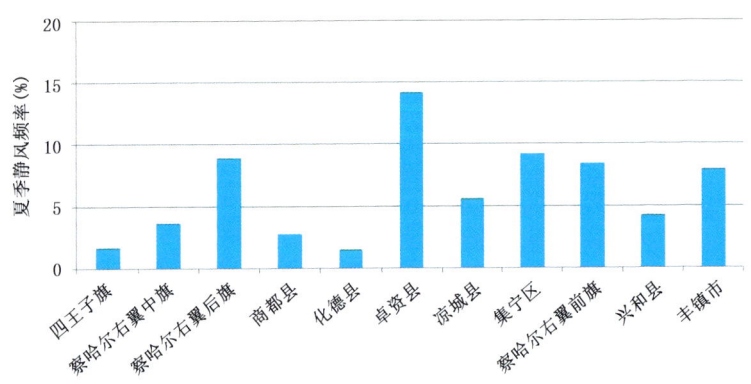

图2.9　乌兰察布夏季静风(≤0.2米/秒)频率

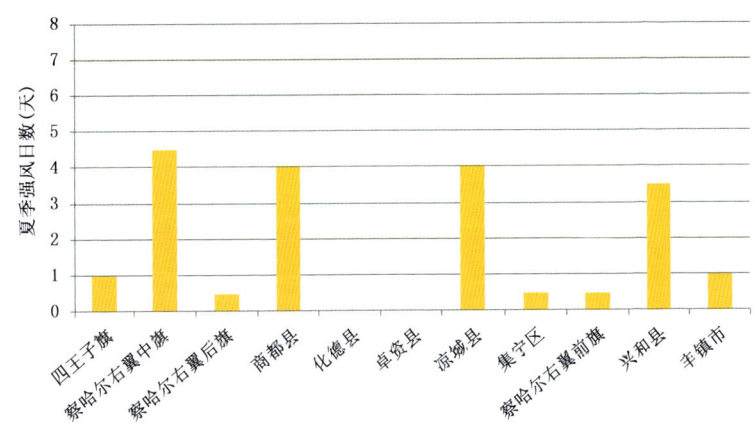

图2.10　乌兰察布夏季强风(＞10.7米/秒)日数

极少。如图2.11所示,从夏季平均风速日变化来看,夜间风速小,白天风速略大,大部分时间都有2米/秒左右的风。乌兰察布的夏天微风和煦,风清气爽,是避暑旅游度假的好季节。

如图2.12所示,乌兰察布夏季主要以晴间多云天气为主,晴间多云日数为57天,占夏季总天数的61.9%;阴天日数为19.4天,占

第 2 章　乌兰察布夏季气候特征及优势

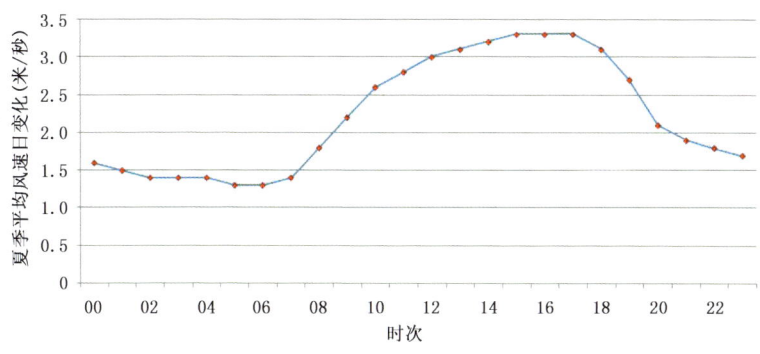

图 2.11　乌兰察布夏季平均风速日变化

夏季总天数的 21.1%；晴天日数为 15.6 天，占夏季总天数的 17%。日照时数平均为 806.8 小时，平均每天 9.0 小时，呈现由西北向东南递增趋势；与主要避暑旅游和周边地区的哈尔滨、大连、青岛、秦皇岛、北京、呼和浩特、包头、张家口等城市相比，晴天日数最多，阴天日数最少（见图 2.13、2.14）。乌兰察布的夏天，缕缕阳光铺洒无垠的草原，朵朵白云点缀蔚蓝的天空，蓝天白云带给人们无限的遐想。

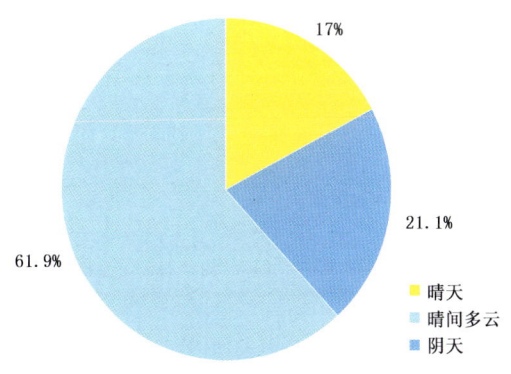

图 2.12　乌兰察布夏季天空状况比例

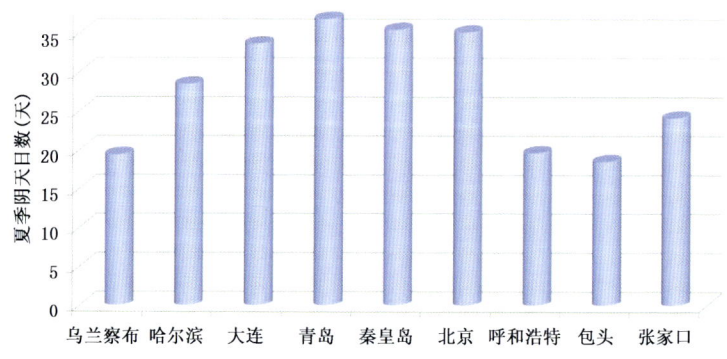

图 2.13　夏季阴天（总云量＞8 成）日数比较

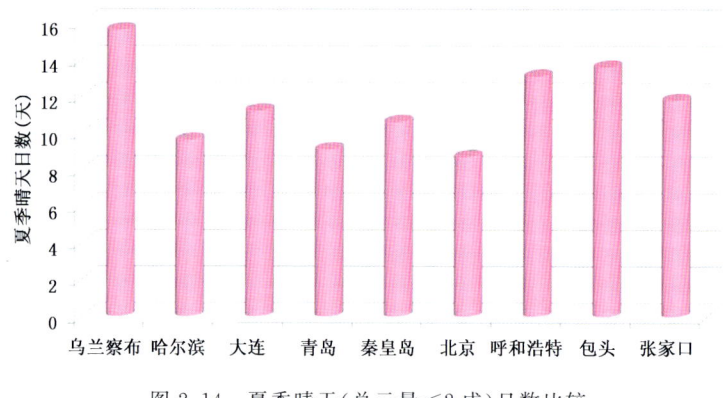

图 2.14　夏季晴天（总云量＜2 成）日数比较

2.2.4　干湿适当

乌兰察布夏季平均相对湿度为 61％，处于人体最适宜的环境湿度 50％～70％之间。与主要避暑旅游和周边地区城市相比（见图 2.16），乌兰察布的相对湿度最为适宜，人体既不会感受到干燥酷热，也不会有闷热潮湿的感觉。

第 2 章 乌兰察布夏季气候特征及优势

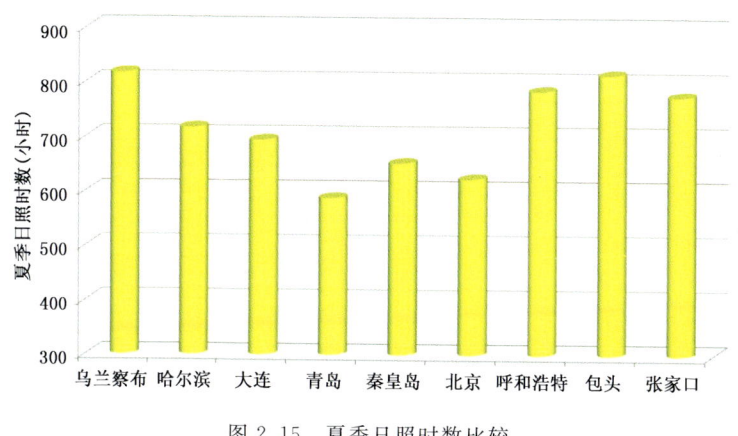

图 2.15 夏季日照时数比较

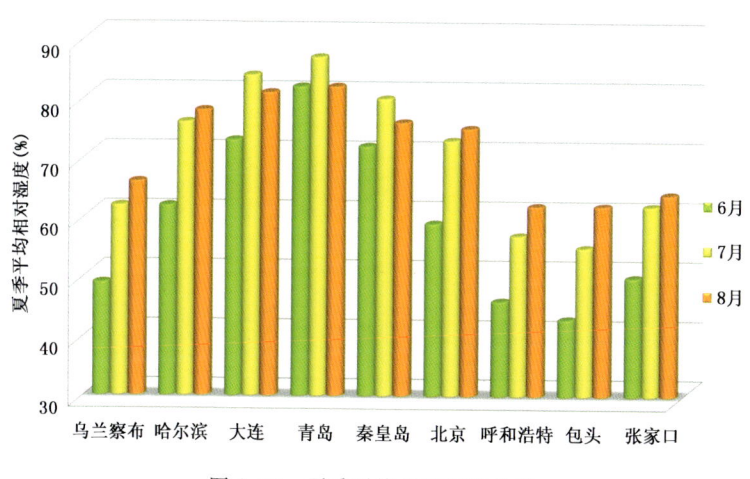

图 2.16 夏季平均相对湿度比较

2.2.5 体感舒适

人体主要以冷热、干湿来感受自然环境的舒适性,涉及的气象因素主要是温度、湿度和风向风速。为综合客观评价气象环境对人体舒适感的影响,国内外普遍采用人体舒适度指数(BCMI),人体舒适度指数是根据人类机体与大气环境之间的热交换而制定的生物气象指标,人体舒适度指数普适性较好,应用范围广,效果较好。目前国内很多专业气象台(例如北京、上海、南京、四川、重庆等)利用人体舒适度指数进行人体舒适度预报。

人体舒适度指数(BCMI)计算公式为:

$$BCMI=(1.8T+32)-0.55\times(1-RH)\times(1.8T-26)-3.2\sqrt{V}$$

式中 T 为气温,℃;RH 为相对湿度,%;V 为风速,米/秒;$BCMI$ 为人体舒适度指数,无量纲。人体舒适度指数分级及对应的人体感觉见表2.3。

表2.3 人体舒适度指数(BCMI)分级及对应的人体感觉

人体舒适度指数(BCMI)	分级	人体感觉
>89	10级	酷热,很不舒适
86~88	9级	暑热,不舒适
80~85	8级	炎热,大部分人不舒适
75~79	7级	闷热,部分人不舒适
71~74	6级	偏暖,大部分人舒适
59~70	5级	最为舒适
51~58	4级	偏凉,大部分人舒适
39~50	3级	清凉,小部分不舒适
26~38	2级	较冷,大部分人不舒适
0~25	1级	寒冷,不舒适

计算结果显示(表2.4),乌兰察布夏季人体舒适度指数(BCMI)在58~62之间,为4级和5级,人体感觉凉爽和舒适。与其他城市相比,乌兰察布舒适的气候与承德、秦皇岛基本相当,适宜夏季避暑和旅游。

第 2 章　乌兰察布夏季气候特征及优势

表 2.4　周边城市人体舒适度指数(BCMI)比较

城市	6月	7月	8月
乌兰察布	58	62	59
北京	68	73	71
呼和浩特	62	66	64
包头	63	66	63
大同	61	65	62
张家口	64	67	65
承德	66	70	68
秦皇岛	64	70	70

温湿指数(HI)是衡量高温气候状况对人体影响的生物气象指标,常用来表征室外环境的湿热条件对人体承受的热负荷。

温湿指数(HI)的计算公式表达为:
$$HI = T - (0.55 - 0.55RH) \times (T - 58)$$
式中 T 为气温,RH 为相对湿度。HI 值越高,表明人体对气候的不舒适程度越重。HI 值在 60~75 范围内大部分人感觉舒适;HI 值 >75 时近 50% 的人感觉不舒适;HI 值 >80 时大部分人感觉不舒适。

计算结果表明(表 2.5),乌兰察布的温湿指数在 63~66 之间,属于感觉舒适的范围,夏季没有湿热的天气,是避暑纳凉的理想之地。

表 2.5　周边城市温湿指数(HI)比较

地点	6月	7月	8月
乌兰察布	63	66	63
北京	73	77	75
呼和浩特	67	70	67
包头	67	71	68
大同	66	70	67
张家口	68	72	70
承德	69	73	71
秦皇岛	69	75	74

2.2.6 空气清新

雾霾天气对人们的生活和健康造成了严重影响。其形成的条件：一是大气层结稳定，垂直方向上出现逆温；二是水平方向空气流动慢，以静风天气为主；三是空气中悬浮颗粒物增加。乌兰察布夏季主要受地面高压控制，多晴朗少云天气，大多时间内都有 2.0 米/秒左右的微风，有利于空气的流动；同时在辽阔的草原上，污染源及污染物排放少，空气中 $PM_{2.5}$ 浓度远低于污染标准，极少出现雾霾天气。

2008 年以来，乌兰察布二氧化硫（SO_2）、二氧化氮（NO_2）和可吸入颗粒物（PM_{10}）浓度均低于全国平均值。如图 2.17—2.19 所示，2013 年，乌兰察布集宁区优良天数 360 天，污染天数 5 天，优良天数较 2008 年增加 67 天，增加率为 23%；污染物年均浓度：SO_2 0.02 毫克/米^3，NO_2 0.019 毫克/米^3，PM_{10} 0.068 毫克/米^3；大气污染指数由 2008 年的 1.95 下降到 2013 年的 1.27，下降了 34.9%。2014 年 1—9 月，集宁区优良天数 269 天，污染天数 4 天。污染物年均浓度：SO_2 0.019 毫克/米^3，NO_2 0.020 毫克/米^3，PM_{10} 0.066 毫克/米^3。

由表 2.6 可见，乌兰察布的空气质量优良，空气质量优良天数比重高，各项污染指数明显偏低，空气清新程度高。

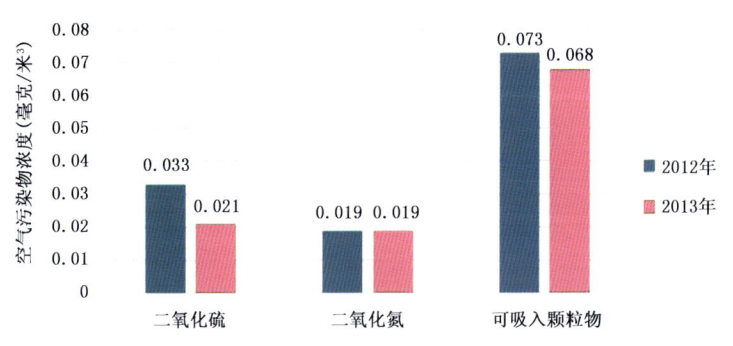

图 2.17 2012—2013 年乌兰察布空气污染物浓度

第 2 章 乌兰察布夏季气候特征及优势

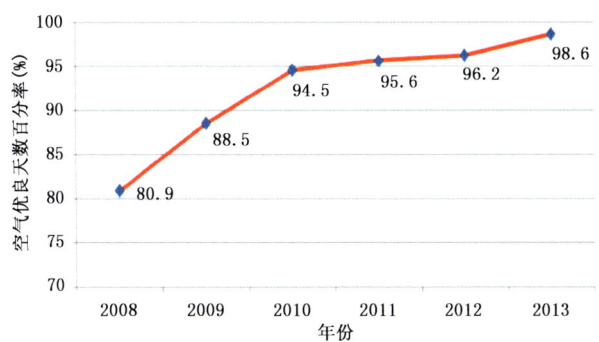

图 2.18　2008—2013 年乌兰察布空气优良天数百分率

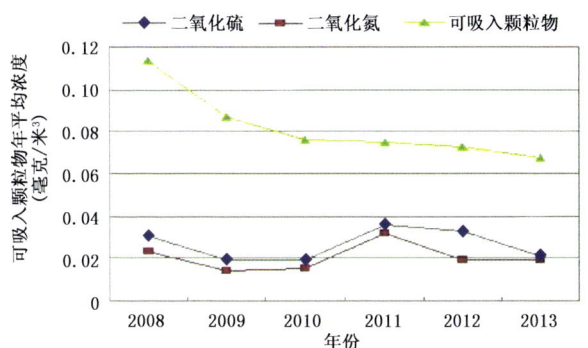

图 2.19　乌兰察布可吸入颗粒物年平均浓度

表 2.6　2008—2013 年乌兰察布环境空气监测结果统计

年度	天数			平均值(毫克/米³)		
	优	良	污染	二氧化硫 Ⅱ级年均值0.060	二氧化氮 Ⅱ级年均值0.080	可吸入颗粒物 Ⅱ级年均值0.100
2013 年	101	259	5	0.021	0.019	0.068
2012 年	98	254	14	0.033	0.019	0.073
2011 年	79	270	16	0.036	0.032	0.075
2010 年	64	281	20	0.019	0.015	0.076
2009 年	61	262	42	0.019	0.014	0.087
2008 年	17	276	69	0.031	0.023	0.114

近年来,华北地区雾霾天气频发,危害严重,西北气流对缓解雾霾天气的作用巨大,而乌兰察布地处京津冀上游,上风上水,不仅是重要的生态环境屏障,也是重要的清洁空气输送源。

2.2.7 灾害罕见

由表 2.7 可见,乌兰察布夏季暴雨日数平均仅为 0.2 天;与主要避暑旅游和周边地区城市相比,远少于北京、秦皇岛等城市,与张家口市基本相当,高影响降雨天气发生的频率不到 1%。

表 2.7 夏季暴雨日数比较

	乌兰察布	哈尔滨	大连	青岛	秦皇岛	北京	呼和浩特	包头	张家口
6月	0.0	0.1	0.3	0.2	0.2	0.2	0.0	0.0	0.0
7月	0.1	0.8	1.6	1.5	1.8	2.2	0.5	0.3	0.1
8月	0.1	0.3	0.7	0.7	0.7	0.9	0.3	0.2	0.0
合计	0.2	1.2	2.6	2.4	2.7	3.3	0.8	0.5	0.1

如图 2.20 所示,乌兰察布夏季≥35℃高温日数在 0~0.8 天之

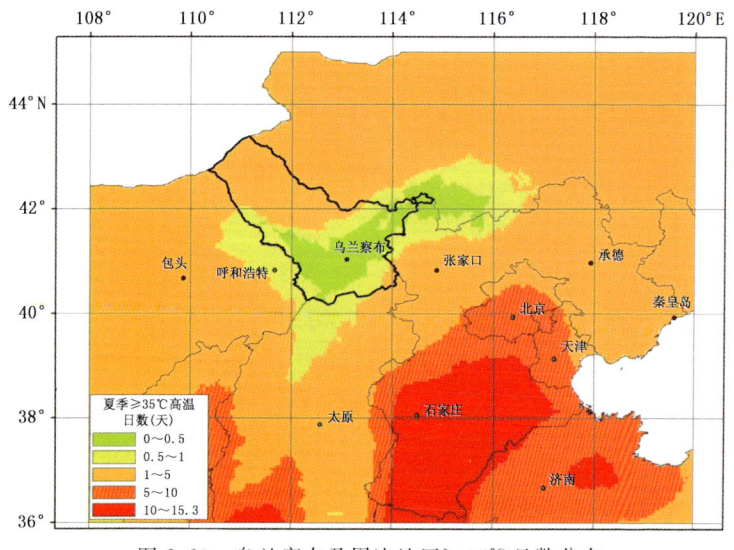

图 2.20 乌兰察布及周边地区≥35℃日数分布

第 2 章 乌兰察布夏季气候特征及优势

间,出现频率仅为0.1%,主要分布在中南部地区,比呼和浩特少1.1天;比包头少2.5天;比太原少3.6天;比承德少4.5天;比北京少7.5天,明显少于周边其他城市。

乌兰察布夏季冰雹发生频率平均仅为1.1天,较临近城市呼和浩特和张家口明显偏小,在周边和同纬度主要内陆城市当中也属最低(见表2.8)。

表 2.8 夏季冰雹日数比较

	乌兰察布	哈尔滨	大连	青岛	秦皇岛	北京	呼和浩特	包头	张家口
6月	0.3	0.6	0.1	0.1	0.2	0.5	0.6	0.6	0.8
7月	0.4	0.2	0.0	0.1	0.2	0.3	0.5	0.3	0.6
8月	0.4	0.1	0.0	0.0	0.0	0.4	0.7	0.3	0.4
合计	1.1	0.9	0.1	0.2	0.4	1.2	1.8	1.2	1.8

由表2.9可见,乌兰察布夏季出现雷暴日数与周边和同纬度主要城市相比,雷暴发生频率也较小,即使有雷暴也主要发生在夜间。

表 2.9 夏季雷暴日数比较

	乌兰察布	哈尔滨	大连	青岛	秦皇岛	北京	呼和浩特	包头	张家口
6月	6.7	8.7	3.8	2.9	6.2	7.8	7.0	6.2	9.0
7月	8.1	9.0	4.4	5.8	6.8	10.9	8.9	7.6	9.9
8月	6.5	6.1	3.6	4.5	6.9	9.3	7.6	6.3	8.1
合计	21.3	23.8	11.8	13.2	18.9	28.0	23.5	20.1	27.0

乌兰察布夏季出现其他极端天气气候事件的频率也很低,常年无台风侵扰,极少出现大风和沙尘暴现象。此外,乌兰察布地质条件稳定,加之暴雨极为罕见,现代历史上从未发生过洪水、滑坡和泥石流等水文、地质灾害。

第 3 章

独具特色的草原生态系统

  乌兰察布草原是祖国北疆重要的生态安全屏障,"天苍苍,野茫茫,风吹草低见牛羊"曾经是乌兰察布草原的真实写照。由于20世纪乱垦乱挖、超载过牧、粗放经营等人为因素和干旱少雨、鼠虫害等自然因素,草原退化、沙化比较严重。进入新世纪以来,在党和国家高度重视和大力支持下,一方面坚持以自然修复为主,以人工建设为辅,全面实施了退耕还林、退牧还草、京津风沙源治理和草原生态奖补机制等重大保护与建设项目,使草原生态整体恶化的趋势得到了有效遏制,重点治理区明显好转。另一方面坚持科学发展、绿色发展,以保护环境、保护草原为前提,调整和优化产业结构,着力发展生态农牧业、清洁能源工业、商贸物流和草原旅游业,经济社会发展正在步入可持续发展的轨道,往昔水草丰美的自然风光正在逐步重现。

第 3 章　独具特色的草原生态系统

3.1　草原丰美,多姿多彩

乌兰察布草原是欧亚大陆草原的重要组成部分。天然草原总面积 5521.58 万亩,占全市国土面积的 66.5%。草原植被类型丰富多样,以温性典型草原、温性荒漠草原和温性草原化荒漠三大类为主,分别占总面积的 41.38%、39.56%、9.12%,还有温性草甸、低地草甸、高山草甸等类型占 9.94%。除以上地带性植被分布外,在苏木山、蛮汉山和灰腾梁等山体上,植被随海拔的升高而出现垂直地带性分布,海拔 1500～1700 米为典型草原,1700～2000 米阴坡为草甸草原,2000 米以上为高山草甸草原。此外,由于受土壤和降水等环境条件影响,在河谷沿岸、湖泊周围及低洼地带有草甸隐域性植被分布,呈

🔺 荒漠草原风光

🔺 高山草甸草原风光

斑块状镶嵌于草原的背景上。全市天然草原平均植被盖度 37%。

辽阔的草原蕴藏着丰富的植物资源,现已辨识的植物约 600 种,常见的有锦鸡儿、沙棘、冷蒿、百里香、羊草、披碱草、冰草、隐子草、

注:1 亩=0.0667 公顷

针茅、蒲公英、野韭、黄芪等。这些植物不仅是重要的草原生态基础,而且还是发展畜牧业,开发草原植物药用、食用、观赏等其他附加价值的重要资源。比如,羊草、隐子草、披碱草均为优质饲用牧草;草乌头、石竹、翠雀、金莲花等不但具有观赏价值,同时具有药用价值;锦鸡儿、沙棘均为优良水土保持植物;蒲公英、野韭菜则有食用价值。

3.2　森林茂密,树种多样

　　乌兰察布市林业用地面积 2736.7 万亩,占全市国土面积的 33.5%,其中有林地 274.4 万亩,灌木林地 1577.5 万亩,活立木蓄积量 1090 万立方米,森林覆盖率 22.66%,比内蒙古自治区高 1.63%,比全国高 1.03%。全市有面积为 12 万亩的蛮汉山二龙什台国家森林公园和面积为 14 万亩的苏木山森林公园。

图 3.1　二龙什台国家森林公园(左)和苏木山森林公园(右)

▲ 蒙古莸花　　　　　　　　　▲ 火绒草

第 3 章　独具特色的草原生态系统

乌兰察布市野生树种有 119 种之多,其中乔木 12 科 16 属 32 种;灌木 24 科 40 属 87 种,主要种类云杉、油松、侧柏、杜松、青杨、山杨、白桦、辽东栎、白榆、胡杨等乔木和柳属、乡线菊属、忍冬属等植物组成山地灌丛,锦鸡儿属等灌木植物组成草原灌丛,树柳属等灌木形成盐碱地灌丛。

▲ 白桦林

▲ 蒙古栎

▲ 胡杨

3.3　河流蜿蜒,湖泊闪亮

乌兰察布市共有流域面积 50 平方千米及以上河流 280 余条,其中海河流域 43 条,黄河流域 32 条,内陆河流域 200 多条,流域面积大于 200 平方千米以上的三级河流共 72 条。汇入黄河的三级以上河流有 13 条,以大黑河为主。汇入永定河的三级以上河流 10 条,主要河流有饮马河、二道河、银子河、阳河。内陆河三级以上河流主要有塔布河、丁济河、不冻河、铜轱辘河、霞江河、霸王河、泉玉林河、六台河、弓坝河、步量河、五号河、天成河等。

乌兰察布·中国 草原避暑之都

乌兰察布市有较大湖泊十余处,其中最大的湖泊为岱海、黄旗海、察尔湖。

岱海湖位于凉城县境内(见图 3.2),属淡水湖泊,是由湖域三百余条大小河沟排泄汇集而成的内陆湖。长约 24 千米,宽约 10 千米,水面标高 1223.56 米,湖流域面积 2314 平方千米,多年平均蓄水量 6.4 亿立方米,多年平均径流总量为 1.2 亿立方米,是盆地内地表水和地下水汇集处。湖域鱼种多样,共有鲤、草、青、鲢等 27 种,隶属 3 目 6 科。岱海是我国较大、十分珍贵的草原湖泊,被称之为"塞外明珠"。

图 3.2　岱海

图 3.3　黄旗海

黄旗海位于察哈尔右翼前旗境内(见图 3.3),容积约 11200 万立方米,是由湖域 11 条河流和地下水汇集而成的封闭湖,湖面呈西北—东南向分布,流域面积 4625.22 平方千米。

第 3 章　独具特色的草原生态系统

▲ 察尔湖

3.4　珍稀动物，种类繁多

乌兰察布市共有野生动物 59 科 126 属 191 种（见图 3.4）。现已查明的珍稀濒危保护动物有 20 科 50 余种。其中被列入国家一级保护动物的有野驴、梅花鹿、大鸨（地鵏）、金雕、鹳、遗鸥等；国家二级保护动物 14 科 40 余种，"三有"野生动物 19 科 200 余种。

▲ 泉玉岭湿地

乌兰察布市现有自然保护区 9 处，其中国家级 1 处，自治区级 3 处（见表 3.1），盟市级 5 处，森林生态环境自然保护区 4 处。2011 年国家投资 2920 万元，用于凉城县岱海湿地恢复和利用工程，其中种植水生植物 3 万亩，建设鸟类救护站 1 个、环志站 1 个。2012 年国家投资820万元,启动建设察哈尔右翼前旗黄旗海湿地恢复和利用工作,设监测点1个。

图3.4 珍稀保护动物

表3.1 乌兰察布市自然保护区情况

级别	名称	批准时间	面积（公顷）	保护重点对象	
				动物	植物
国家级	乌兰察布市大青山自然保护区	2008年	39万	狍子、青羊、野鸭子、狐狸、猎隼、盘羊、锦鸡、猫头鹰、獾子	樟子松、白桦、杜松、防风、麻黄、知母、大黄、人参、党参、秦九、柴胡、甘草、槟榔、狼毒、板蓝根、黄芩、生地

38

第3章 独具特色的草原生态系统

续表

级别	名称	批准时间	面积（公顷）	保护重点对象 动物	保护重点对象 植物
自治区级3个	乌兰察布市察右前旗黄旗海湿地保护区	2003年3月	2.5万	黑鹳、苍鹭、大白鹭、凤头䴙䴘、鸿雁、灰雁、天鹅、松雀鹰、猎隼、红脚隼、大鸨、针尾沙锥、大沙锥、银鸥、棕头鸥、遗鸥、红嘴鸥、百灵、中华蟾蜍	大籽蒿、防风、麻黄、知母、大黄、沙棘、蒲公英、甘草、狼毒、盐爪爪、猪毛菜、独行菜、山杏、米口袋、草木犀、柴胡、狗尾草、益母草
	乌兰察布市察凉城县岱海湿地保护区	2001年11月	3万	白琵鹭、大天鹅、疣鼻天鹅、灰鹤、鸳鸯、鸿雁	三七、柴胡、黄菠萝、白蜡、芍药、胡桃楸、樟子松、辽东栎、蒙古栎
	乌兰察布市兴和县苏木山森林生态环境自然保护区	2003年3月	9320	金雕、梅花鹿、狍子、獾子、野兔	樟子松、云杉、白桦、山杨树、山樱桃、山槐、绣线菊、刺梅、虎榛子、胡枝子、沙棘、绣线菊

3.5 绿色城乡，生态宜居

乌兰察布市把生态环境作为最重要的公共产品，以建设宜居、宜业、宜游的生态文明型城镇为目标，近年来投入100多亿元，构建生态园林城市，着力打造"山、水、绿"三张牌，以创建自治区园林城市、国家森林城市为抓手，以全力构筑"祖国北疆亮丽风景线"为目标，按照"既要让森林上山，也要让森林进城；既要让河水重现生机，也要把河水变成景观"的理念，把城市建在大自然中，建在园林中，拆旧造绿、见缝插绿、引绿入城，大规模推进城镇绿化，大力度建设生态景观工程。特别是中心城区——集宁大规模实施了以"三山两河三园"（三山即白泉山、老虎山、卧龙山，两河即霸王河、泉玉林河，三园即植物园、红海子体育公园、白海子湿地公园）为重点的生态景观工程建设(见图3.5、3.6),栽植树木278万多株(丛),是建国60年来城市绿化造林总数的5倍多,城市绿化水平大幅提高,人均公共绿地达到35平方米,超出全国平均水平3倍。

图3.5 集宁霸王河生态公园

图3.6 白泉山公园

第3章 独具特色的草原生态系统

各旗县市区也大力实施城镇绿化工程,建设了一批各具特色的社区公园、郊野公园、绿道走廊等。建设有集宁区时代公园、文化公园、植物园,化德县的西山绿化工程,察哈尔右翼后旗的杭宁达莱生态园,兴和县的黄花梁公园,卓资县的九曲生态园,丰镇市的北山公

▲ 水绕新城

园等,全市人均绿地面积达到了内蒙古自治区平均水平。2012年,乌兰察布市成功创建自治区园林城市,并列入国家生态文明示范工程试点市。

▲ 集宁新区街景

第 4 章

清凉舒爽的草原特色旅游

  乌兰察布草原是北方草原上一条亮丽的风景线,拥有"吉祥草原、神舟家园、清凉山水、避暑胜地"的美誉。

  清凉舒爽的气候条件,奇特壮美的自然风光,丰富多彩的草原生态,得天独厚的地理位置,四通八达的交通优势,为乌兰察布发展以休闲度假为主的避暑旅游业提供了广阔的空间。上苍的无私赠予和乌兰察布人民的辛勤耕耘,团结和谐的民族关系,祥和安定的社会环境使这块美丽草原独具特色的旅游业正如旭日朝阳,依托大自然的神奇赋予,不断迸发出奇光异彩,成为京津冀及周边乃至中国北方重要的休闲度假避暑胜地,令人流连忘返。2014年,乌兰察布接待国内外前来避暑旅游的游客达800万余人,旅游业已成为当地经济社会健康发展的重要支柱产业。

第4章　清凉舒爽的草原特色旅游

4.1　清凉避暑胜地,吉祥和谐草原

置身乌兰察布草原最美的季节,缕缕凉风扑面而来。夏季平均气温16.5～19.9℃,凉爽宜人的气候条件造就了中国北方难得的避暑区域。在大都市倍受高温煎熬之时,这里却凉风习习,置身其中顿感神清气爽、心旷神怡,大城市酷热、喧嚣、压抑、郁闷烦躁的心情一扫而光。

这里是名副其实的避暑胜地,有"九十九泉"之称的辉腾锡勒草原和"吉祥草原"之称的杜尔伯特草原景色宜人、风清气爽;有"塞外仙湖"之称的岱海温泉和察尔湖,都是国家4A级旅游区,融山水、森林、湖光山色于一体,构成了北方少有的独特草原山水景观;有"天然氧吧"之称的苏木山森林公园和二龙什台国家森林公园,是京津冀晋消费者休闲、度假、静养的绝好去处;有"草原富士山"之称的察哈尔火山地质公园,是集欣赏草原地质奇貌、体验察哈尔民俗风情于一体的休闲旅游避暑胜地;而乌兰察布市府所在地生态城市集宁,是自治区园林城市,城市城区绿化面积402万平方米,城市绿地率达到36.3%。城在公园中,公园在城中,生态城市舒展大气、美轮美奂。宁静安全的居住环境让人身居其中独享世间少有的舒适与安宁。

乌兰察布草原是边疆少数民族聚居地区民族团结进步的典范,和谐的民族关系,安定的社会环境为祖国北疆和国防安全谱写了众多的华美篇章。作为神舟系列飞船主着陆场,从"神舟一号"到"神舟十号",神舟飞船连续成功降落在这片吉祥神奇草原,为祖国防事业增光添彩,成为国内外游客向往的"神舟家园"。

4.1.1　察尔湖

察尔湖生态旅游区是国家4A级景区,位于兴和县城关镇衙门号村,距北京230千米,距集宁区80千米,距兴和县城仅15千米。察尔湖周边山地属大青山余脉,湖面处于群山环抱之中,是一个旅

乌兰察布·中国 草原避暑之都

乌兰察布旅游资源图

第 4 章　清凉舒爽的草原特色旅游

游资源丰富,原生态特色鲜明,发展前景广阔,发展潜力巨大的旅游开发地。

　　察尔湖属海河流域永定河水系,位于洋河支流东洋河的上游,水库最大集水面积 2250 平方千米,占东洋河流域面积的 67.6%,总库容 1.16 亿立方米,平均水深为 6~9 米。

▲ 察尔湖一隅

▲ 察尔湖

当地属大陆性季风湿润气候，四季分明、光热充足。景区内群峰起伏，绵延不断，山清水秀，如诗如画；苍山含翠，绿水多情，仁者流连，智者忘返。

察尔湖生态旅游区总面积6.6万亩，水域1万亩，林地面积6600亩。旅游度假区内有10多种野生药材、20多种山野菜和多种食用菌类。水产养殖面积580公顷，水生动植物分布量大，饲料资源丰富，养殖种类有银鱼、鲤鱼、鲢鱼、武昌鱼、草鱼、鲫鱼等品种，肉质好，味道鲜，是极佳的无公害绿色佳肴。粮食种植有小麦、莜麦、荞麦、玉米、谷粟、豆类和马铃薯等；有机蔬菜种植施用有机肥料，生物制剂防虫治虫，属无污染、无公害纯天然有机食品。

察尔湖生态旅游度假区是集农副产品加工、畜牧业、水产养殖、生态旅游、休闲度假等多元化旅游开发区，是以农业观光、水上娱乐、登山及拓展训练、马术培训、游船快艇、房车营地、滑冰滑雪、低空飞行、新能源应用体验、狩猎打靶、少年儿童夏令营基地等为主要内容的休闲度假旅游区。

4.1.2 岱海

岱海旅游度假区坐落于乌兰察布市凉城县美丽的岱海湖畔，为国家4A级风景名胜区。

岱海是内蒙古第三大内陆湖，处于一个狭长的陷落盆地之中，南有马头山，北有蛮汉山，水面约130平方千米，呈椭圆状，有"草原天池"之美誉。历史上有关文字记载甚详。汉代称"诸闻泽"，北魏称"葫芦海"，宋元称"鸳鸯泊"，清代蒙古人谓"岱根塔拉"，后称岱海，并沿用至今。

古往今来，岱海吸引着无数游客。历代达官贵人、文人墨客前来观赏其"鸿鹜成群，风涛大作，浪高丈余，若林立，若云重"的自然美景。清朝时康熙皇帝多次巡边来到岱海，看中了这块风水宝地，在此兴建行宫，取名"凉城"，并为岱海题名"天池"。行宫后来改名为汇祥寺，曾为内蒙古规模宏大的召庙之一，不幸于1939年毁于战火。

第 4 章　清凉舒爽的草原特色旅游

▲ 岱海

当您乘船徜徉于湖面之上，感受习习凉风，远眺马头山、蛮汉山，近观芦苇荡野鸭成群，甚感惬意。

这里生态环境优越，山水辉映，林草茂盛；交通条件便利，呼阳公路横卧其中，京包铁路、京呼高速擦肩而过，西距呼和浩特 100 千米，南距大同 110 千米，北距集宁区 60 千米，东距张家口 250 千米，东南距北京 400 千米，区域优势明显，是旅游度假的好去处。

4.1.3　格根塔拉草原

内蒙古四子王旗的格根塔拉草原位于大青山北麓的杜尔伯特草原深处，距内蒙古自治区首府呼和浩特市 128 千米。格根塔拉草原旅游景区是内蒙古自治区五大草原旅游景区之一，是全国首批进入 4A 级旅游景区(点)之一，也是全国唯一的草原 4A 级景区。

乌兰察布·中国 草原避暑之都

▲ 格根塔拉草原

格根塔拉蒙古语意为"辽阔明亮的草原",是中外游客夏秋之季理想的观光旅游、休闲避暑胜地,这里因"神州"系列飞船降落而闻名中外。

每年农历五月十三,草原人民在这里举行蒙古族传统的祭敖包节;从1989年至今,每年7月25—31日,内蒙古自治区旅游那达慕大会都会在这里举办,截至2015年7月,已经成功地举办内蒙古自治区旅游那达慕大会26届。二十多年来,随着旅游那达慕大会规模的逐年扩大,活动项目在保留传统特色的基础上推陈出新,内容不断丰富,游客参与程度越来越高,吸引力越来越强,已成为全内蒙古自治区旅游节庆的龙头品牌,深受游客的喜爱和欢迎。

4.1.4 辉腾锡勒草原

辉腾锡勒(黄花沟)草原旅游区位于乌兰察布市察哈尔右翼中旗,为国家级4A景区。地处阴山北脉、大青山东段。旅游区包括

第4章　清凉舒爽的草原特色旅游

▲ 辉腾锡勒草原

"黄花沟地质公园"、"黄花沟草原度假中心"、"窝阔台鲜花草原"等。辉腾锡勒,平均海拔在 2000 米以上,面积达 600 平方千米,气势磅礴,峰峦叠嶂,鲜花遍野,俊美奇秀,是中国地貌最独特、景观最丰富的大草原。

"辉腾锡勒"意为"寒冷的山梁",是世界三大高山草原之一、世界稀有的保护较好的高山草甸鲜花草原;也是中国地貌最独特、景观最丰富的大草原;已经成为中国最佳自驾游目的地之一、中国最佳草原避暑胜地之一,也是距离北京最近的内蒙古大草原。

这里环境气候独特,夏季平均气温 18 摄氏度,有"六月雪、三伏天""早穿皮袄午穿纱,抱着火炉吃西瓜"等气象奇观,是不可多得的塞外草原休闲避暑旅游胜地。

由于这里盛夏气候凉爽、景色宜人,包括清朝的康熙等多位皇帝曾到此避暑消夏,最早到这里来的是北魏开国皇帝拓跋珪,成吉思汗的三儿子、元太宗窝阔台也曾到此避暑,留下"拓跋珪御苑"、"窝阔台兵器库"、"点将台"等众多"怀古遗迹",还有"秦长城"遗址依稀可辨,蜿蜒在这片美丽而古远的草原上。

▲ 鲜花遍野的辉腾锡勒草原

黄花沟是自治区级生态地质公园,系第四纪冰川的典型地质遗存,地质构造复杂多元,有"大青山地质博物馆"之称,有"一天四季,一步四景"的丰富体验资源——鲜花草原、神俊峡谷、奇峰峻石、山泉白桦,步入其中,美不胜收;蒙元文化、游牧传奇、农牧交融、生态典范,身在其中,享受天宇。

黄花沟旅游区占地约 15 平方千米,由神葱沟和黄花滩两大自然风景区组成,共有 12 大景观。这些景观将塞上雄浑的高原风光与江南秀丽的湖色山水奇妙地融为一体,形成了独特的观光旅游胜地。

4.1.5 苏木山

兴和县旅游资源丰富,苏木山是华北地区最大的人工林场,被誉为天然氧吧,是中国登山协会的"户外运动训练基地",占地面积 23.6 万亩,有林面积达 16.75 万亩,森林覆盖率达 71%,是内蒙古中西部最大的人工林场。林间生长生活着 210 多种野生动植物,有 10

第 4 章 清凉舒爽的草原特色旅游

多处天然景观。林区平均海拔 2000 米以上,最高峰达 2334.7 米。林区树种以乔木与灌木相结合,以华北落叶松为主,环境优美,气候宜人,是避暑旅游的理想选择。

▲ 苏木山

作为内蒙古自治区中西部地区的天然植物王国,它不仅有人工栽种树种落叶松、樟子松、油松、云杉,有天然乔木白桦、山杨树,有野生灌木虎榛子、胡枝子、山杏、山榆、山柳、山樱桃、山槐、绣线菊、刺梅等,有奇花异草植物 30 多种,有可食用植物黄花、木耳、蕨菜、蘑菇等 10 多种,还有远志、山参、柴胡、黄芪、贝母、当归等 120 多种药用植物。同时,这里还是野生动物繁衍生息的乐园,有梅花鹿、狍子、獾子、野兔、老鹰、杜鹃、百灵、啄木鸟、黄鹂等飞禽走兽穿绕林间。

苏木山,以其险峻的山势,茂密的森林,纷呈的花卉以及浓郁的民族风情吸引着越来越多的迷享自然之美的旅行者,归者无不为其绝美所折服!当你沿着蜿蜒的山径而行,直上景致迷人的最高点——望天涯。举目四望,但见群山叠翠,雾色缥缈,犹如一幅浓淡相宜的壁画垂挂天际。空气中散发着浓浓的花香,山溪泉水叮咚作响,使人如入仙境,心旷神怡,人间一切烦恼早已荡然无存。

苏木山之雄奇,首先在于那怪石嶙峋。登临绝顶,举目四望,细究山形,有的酷似罗汉张臂喜迎宾,有的如同金龟伸头探碧海,有的宛如擎天柱浑圆挺拔入云霄。面对那形象逼真的"情人石",不禁引发"头靠身依情切切,恩爱情笃度千年"的幽幽暇思。苏木山之幽深,幽在山水林木,色彩纷繁的花草,飞禽走兽相依相附,浑然一体,隔世而立。整个旅游景区以人工栽植的松林为主色调,花松翠杉浸染群山,自成一景,以其坚忍不拔之态,蔽日遮阴之神,足显人类改造自然的伟力。景区内到处可见山泉喷涌,或喷洒于蓝天,或隐没于花丛,水声潺潺,其音如泣如诉,回荡于山谷之间。

4.1.6 集宁国际皮革城

集宁国际皮革城是集购物、餐饮、休闲、娱乐为一体的现代化皮革潮流购物广场,是中国北方地区最大、最专业的皮革批发零售交易中心,是华北地区单体量最大的皮革购物广场,是中国北方皮革时尚风尚标,为国家4A级购物景区,也是乌兰察布市旅游局批准的唯一一家商业旅游购物中心。

▲ 集宁国际皮革城

4.2 多元文化交融，多彩人文感受

走进乌兰察布，就步入了她鲜为人知的上万年的历史长廊。乌兰哈达岩画真实地记录着先民的生活画卷，庙子沟遗址被史学家称为"太阳最早升起的地方"，凉城园子沟遗址开启了"中华民族五千年的文明曙光"，被评为"2003年全国十大考古新发现"之一的元代集宁路遗址，见证了昔日商旅要地的辉煌。在这里，出生了北魏皇帝拓跋珪；在这里，有当年成吉思汗的铁骑纵横草原征战漠北的千古传奇；这里还汇集了从赵长城到清长城的七大长城遗迹，还出土了国内七大窑系生产的瓷器。

在这里，可看到集宁战役的惨烈，感叹革命先烈的英勇献身精神，催生人们对今天和平幸福生活的珍惜；在这里，有一位大爱无疆的抚养38名"上海孤儿"的草原母亲都贵玛老人，感天动地。

草原文明和黄河文明的相互交汇，多元文化的积聚交融，为游客提供了独特的人文体验，为乌兰察布依托清凉草原打造休闲度假避暑旅游胜地提供了精彩独特的历史文化和民风民俗积淀。在清凉的草原上放松心情，在清新的空气中愉悦心灵，在欢歌热舞中体验蒙古族人民的热情奔放，感受多元文化的凝结熏陶，是行走在乌兰察布的每一位宾客美好的愿景和曼妙的感受，形成独特的乌兰察布印象。

祭敖包

希拉木伦庙

那达慕

乌兰察布·中国 草原避暑之都

马头琴　　　抬阁　　　二人台

赵长城遗址　　　草原丝绸古道　　　阿斯尔要察哈尔宫廷古乐演奏

集宁战役纪念馆　　　草原英雄小姐妹　　　草原母亲都贵玛

套马　　　搏克　　　射箭

蒙古象棋　　　勒勒车　　　祭火

4.3 盛产绿色食品，尽享健康美食

辽阔的天然绿色环境、凉爽独特的草原气候，为乌兰察布打造草原特色安全食品，创造了得天独厚的条件。草原牛羊肉奶、高原小杂粮、冷凉有机蔬菜是乌兰察布独有并且享誉世界的精美食材。独特的文化传承和几千年的生活习俗，为生产绿色、健康食品创造了最大可能，全市倾力打造的"食品安全放心工程"，更是为休闲度假为主的草原避暑旅游业奠定了厚实的基础。2013年，乌兰察布市被中国城市竞争力研究会评为"中国十佳食品安全城市"。

草原美酒　　　　　　　　　全羊宴

烤全羊　　手把肉　　涮羊肉　　灌肠

羊杂汤　　扒驼掌　　风干肉　　蒙古奶茶

炒米　　丰镇月饼　　卓资山熏鸡　　蒙古馅饼

乌兰察布·中国 草原避暑之都

蒙古野韭菜	油炸谆脖	莜面系列	山药鱼
绥远烧麦	玻璃饺子	荞面饸饹	油炸糕
沙葱包子	肉粥	钢丝面	黄花菜

第 5 章

结 语

乌兰察布的夏季清凉消暑,当地风景秀美、生态环境优良、交通便捷、文化多元,是草原上避暑旅游的天堂。

第 5 章　结语

乌兰察布夏季气候清凉,乌兰察布草原属中温带大陆性季风气候,是典型的温带草原气候,较高的海拔、独特的地理位置和地形地貌,造就了乌兰察布独特的气候。夏季平均气温 18.8℃,平均降水量 229.9 毫米,平均风速 2.4 米/秒,平均相对湿度 61%,人体舒适度指数和温湿指数适合,空气中二氧化硫、二氧化氮、可吸入颗粒物浓度低于全国平均值,夏季气候具有清凉宜人、雨水适宜、风和日丽、干湿适当、体感舒适、空气清新以及夏季暴雨、高温、雷暴等自然灾害罕见等特点。独特的气候非常适合消夏避暑,为乌兰察布打造京津冀及周边乃至中国北方以休闲度假为主的避暑旅游胜地提供了先决条件。

乌兰察布风光独特生态优良。乌兰察布市天然草原面积 5521.58 万亩,植物约 600 种,天然草原平均植被盖度 37%,草甸草原鲜花盛开、荒漠草原广袤辽阔。林业面积 2736.7 万亩,森林覆盖率 22.66%,野生树种有 119 种,河流蜿蜒,湖泊闪亮,珍稀动物种

▲ 魅力集宁

类繁多。加之近年来不遗余力和坚持不懈地加大生态保护建设力度,草原生态系统明显好转,今天的乌兰察布城乡碧野千里,生态宜居,为发展以休闲度假为主的草原避暑旅游提供了坚实基础。

乌兰察布区位优越交通发达。乌兰察布地处晋冀蒙三省(区)交界、环渤海经济圈与呼包鄂(呼和浩特、包头、鄂尔多斯)城市带结合部,是内蒙古距首都北京最近的地区,也是连接东北、华北、西北三大经济圈的交通枢纽,交通优势十分明显,市政府所在地集宁区距首都北京市 320 千米,市境内有六条等级公路和京包、集二、国际货运等六条铁路纵横贯穿,在建的乌兰察布支线机场即将通航,京呼高铁预计 2017 年正式通车,届时北京至集宁运行时间仅需 1 小

乌兰察布·中国 草原避暑之都

▲ 新区新景

时。特殊的区位、四通八达的交通为当地发展以休闲度假为主的草原避暑旅游业提供了巨大的发展空间。

乌兰察布历史悠久文化多元。乌兰察布是我国北方文明的重要发祥地。多元文化在这里交汇交融，形成了以察哈尔文化为代表的草原文化和以走西口为代表的农耕文化，两种文化相互融合形成了乌兰察布独特人文环境和民俗积淀，为发展以休闲度假为主的草原避暑旅游业提供了有力的支撑。

乌兰察布民族团结、社会安宁。乌兰察布是以蒙古族为主体的边疆少数民族地区，长久以来各民族和睦相处，共同发展进步，这里民风淳朴，生活安宁，社会稳定，更是为国内外宾客休闲度假避暑旅游提供了安全放心的居住和出行环境。

乌兰察布是美食家的天堂。天然绿色草原生态的环境、凉爽清洁的独特的气候，孕育出草原牛羊肉奶、高原小杂粮、冷凉有机蔬菜等农畜产品，成为乌兰察布独有并且享誉世界的精美食材，独特的文化传承和几千年的生活习俗，为生产绿色、有机健康食品创造了最大可能，而全市倾力打造食品安全放心工程，被中国城市竞争力研究会评为"中国Ⅰ佳食品安全城市"，更是为休闲度假为主的草原避暑游客提供了绿色健康的地方美食和独特的舌尖感受。

综上所述，独具特色的气候、生态、交通、文化、饮食等资源叠加形成鲜明的综合优势，是乌兰察布发展休闲度假为主的草原避暑旅游业的重要基础，也是打造"中国草原避暑之都"的重要支撑。

习近平总书记在内蒙古视察时指出要"守望相助""把祖国北疆这道风景线打造得更加亮丽"。乌兰察布市要抓住融入京津冀一体化发展的历史机遇，立足当地有利条件，发挥独特的气候、生态区位、交通和人文优势，加快发展以休闲度假为主的草原避暑旅游产业，正是贯彻落实总书记重要指示的具体举措。

第 5 章 结语

"中国草原避暑之都"既是大自然对乌兰察布的深情馈赠,也是乌兰察布经济社会发展的必然选择。"中国草原避暑之都"的品牌必将大幅提升乌兰察布市的整体形象和知名度,也必将有力推动和带动乌兰察布市以草原避暑旅游业为龙头的第三产业乃至整个经济社会的持续健康发展,使乌兰察布真正步入生态良好、经济发展、民生改善、边疆安宁的文明发展之路。而乌兰察布的清凉夏季,也必将在四方传扬,成为世人休闲度假消夏避暑的绝佳选择,从而造福和回馈社会。

您给乌兰察布草原打开一扇窗,乌兰察布将奉献给全世界一份沁人心脾的清凉!

参考文献

董笑梅,徐静. 2004. 内蒙古草原生态旅游开发研究. 中央民族大学学报,**31**(1):42-44.
傅伯杰,陈利顶,邱扬,等. 2002. 黄土丘陵沟壑区土地利用结构与生态过程. 北京:商务印书馆.
傅伯杰. 2010. 我国生态系统研究的发展趋势与优先领域. 地理研究,**29**(3):383-393.
穆少杰,李建龙,陈奕兆,等. 2012. 2001—2010年内蒙古植被覆盖度时空变化特征. 地理学报,**79**(9):1255-1268
秦大河,丁永建,穆穆. 2012. 中国气候与环境演变. 北京:气象出版社.
秦大河. 2004. 中国气候与环境演变. 文明,**5**(12):10-11.
秦大河. 2005. 气候资源的开发、利用和保护. 求是,**48**(3):54-56.
秦大河. 2002. 中国西部环境演变评估综合报告. 北京:科学出版社.
翟盘茂,李茂松,高学杰,等. 2009. 气候变化与灾害. 北京:气象出版社.
重庆市气候中心. 2013. 中国生态气候明珠·城口论证报告.
周广胜,张新时. 1996. 中国气候-植被关系初探. 植物生态学报,**20**(2):113-119.